Wir essen Opa

Für meine Familie

Wir essen Opa

Schmökern, schmunzeln und verstehen: Rechtschreibung & Satzzeichen

Text & Illustration: Bettina Rakowitz

Bassermann

Herzlichen Dank an Christian Stang für seine kompetente fachliche Unterstützung

ISBN 978-3-8094-3985-1

4. Auflage 2025

Projektleitung dieser Ausgabe: Dr. Iris Hahner
Gestaltung, Satz und Illustrationen: Dr. Bettina Rakowitz
Herstellung: Elke Cramer

Druck und Bindung: Alföldi Nyomda Zrt., Debrecen

Printed in Hungary

Penguin Random House Verlagsgruppe FSC® N001967

Inhalt

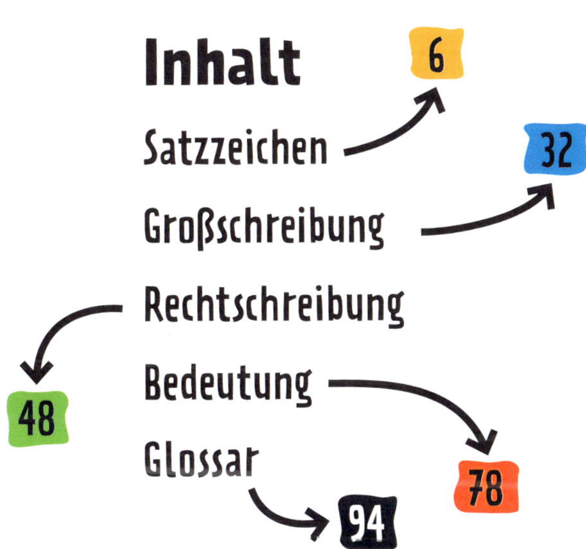

Satzzeichen

Punkt als Schlusszeichen

Satzschlusszeichen können Punkt, Ausrufezeichen und Fragezeichen sein. Den Punkt verwenden wir von diesen klar am häufigsten. Er markiert das Ende jedes gewöhnlichen Aussagesatzes und weist uns an, die Stimme am Satzende ein wenig zu senken und eine kurze Pause einzufügen:

› *Der Junge geht in die Küche. Er isst ein Toastbrot. Danach putzt er seine Zähne. Anschließend geht er zur Schule.*

Der Punkt steht auch am Ende von unvollständigen Sätzen, Satzstücken oder einzelnen Wörtern, sofern diese eine eigenständige Sinneinheit ergeben:

› *Zähneputzen ist wichtig.*
› *Hier, dein Pausenbrot.*
› *Danke.*

Wenn wir Aufforderungssätze ohne besonderen Nachdruck formulieren, können wir den Punkt anstatt des Ausrufezeichens als Schlusszeichen verwenden:

› *Nimm ruhig Platz.*
› *Gib mir bitte mal den Zucker.*

Ohne Punkt gibts keinen Satz,
nur eine einz'ge wilde Hatz
von Wörtern ohne jedes Ende,
gummiartig, ohne Wende,
in einer Tour ganz ohne Stil,
ohne Grenze, viel zu viel,
nichts als Worte ohne Schluss,
der ganze Text ein langer Fluss,
der scheinbar niemals enden will,
drum rate ich dir: Halt mal still
und setz den Punkt recht fleißig ein,
denn du kannst dir sicher sein,
zwar wirkt er eher unscheinbar,
ist wirklich klein, ja winzig gar,
doch hat er trotzdem große Kraft
und er's tatsächlich immer schafft,
dass jeder, wenn er ihn nur sieht,
sich voller Ehrfurcht vor ihn kniet,
kurz innehält und in sich geht,
dass eine Pause so entsteht,
die Ruhe gönnt und atmen lässt,
drum setz den Punkt gern oft und fest.

Satzzeichen in der Überschrift

Eine Überschrift ist eine frei stehende Zeile und wird in der Regel ohne Schlusszeichen gesetzt. Auch wenn sie in Form eines Aussagesatzes formuliert ist: Es steht nie ein Punkt an ihrem Ende:

- *Das große Kochbuch*
- *Wir essen Opa*

Wenn jedoch die Überschrift als Frage- oder Ausrufesatz formuliert ist, so darf das entsprechende Satzzeichen nicht fehlen:

- *Leben Sie gesund?*
- *Jetzt wird gekocht!*

Wenn ein Satz zur Neige geht,
ein Punkt an seinem Ende steht.
Die Überschrift hält sich da raus,
sie kommt auch ohne diesen aus.
Der Punkt jedoch erkennt die Lage
und erhebt die bittre Klage:
Wenn es um Ruf und Frage geht,
der Titel Zeichen nicht verschmäht!
Doch mag der Punkt auch noch so weinen:
Die Überschrift mag trotzdem keinen.

Punkt bei Abkürzungen

Wird eine Abkürzung Buchstabe für Buchstabe gesprochen, so wird kein Punkt gesetzt:

- *EU (e-u für Europäische Union)*
- *LKW (el-ka-we für Lastkraftwagen)*
- *Kfz (ka-ef-zet für Kraftfahrzeug)*

Spricht man hingegen die Abkürzung im vollen Wortlaut aus, wird in der Regel ein Punkt gesetzt:

- *Abb. (Abbildung)*
- *z.B. (zum Beispiel)*
- *vgl. (vergleiche)*

Beachte
Bei *usw. (und so weiter)* werden zwar eigentlich drei Wörter abgekürzt, es steht aber nur ein Punkt am Ende.

Einige Ausnahmen werden jedoch im vollen Wortlaut ausgesprochen und dennoch ohne Punkt geschrieben, so bei:

- *internationalen Maßeinheiten: m (Meter), g (Gramm)*
- *Himmelsrichtungen: N (Nord), SW (Südwest)*
- *Währungen: EUR (Euro), CHF (Schweizer Franken)*

Wenn am Satzende eine Abkürzung mit Punkt steht, dann ersetzt der Abkürzungspunkt den Schlusspunkt. Es wird also kein zweiter Punkt gesetzt. Ein Ausrufe- oder Fragezeichen hingegen kann er nicht ersetzen:

- *Es gab Obst: Äpfel, Birnen usw. Aber Gemüse gab es nicht.*
- *Brauche ich Handtücher, Decken, Laken usw.?*

z.B.

Auslassungspunkte

Wenn wir Wort- oder Satzteile oder gar längere Textpassagen auslassen, müssen wir die Lücke mit drei Auslassungspunkten markieren. Die Schwierigkeit besteht darin, die drei Punkte korrekt in den Text einzufügen. Hierfür gibt es klare Regeln:

- Stehen die Auslassungspunkte für ein selbständiges Wort oder für mehrere Wörter, setzen wir vor und nach den Punkten jeweils ein Leerzeichen.
  Wenn ein ganzes Wort fehlt ... braucht es Leerzeichen.
- Satzzeichen (außer dem Schlusspunkt) schließen sich ohne Leerzeichen direkt an die Auslassungspunkte an.
  Halten Sie das ...! Können Sie ...?
- Stehen die drei Punkte am Satzende, so ist der letzte Auslassungspunkt zugleich der Schlusspunkt des Satzes.
  Wenn du das so sagst ... Ich glaube dir.
- Ein Abkürzungspunkt vor den Auslassungspunkten wird nicht in diese einbezogen.
  Wo bleibt denn Dr. ...? Hier finden Sie Birnen, Äpfel usw. ...
- Wenn ein Satz genau an der Stelle abbricht, an der ein Komma stehen müsste, dann entfällt das Komma.
  Und wenn sie nicht gestorben sind ...
- Wird ein Teil eines Wortes weggelassen, so schließen sich die Auslassungspunkte unmittelbar an den Rest des Wortes an.
  Sie sind ein alter E...! Das ist T..., er arbeitet jetzt für uns!

Ringel ... Ringel ... Reihe,
wir sind immer Dreie!
Schweige nur, das ist nicht schlimm,
schreibe uns stattdessen hin!

Ringel ... Ringel ... Reihe,
wir sind immer Dreie!
Im Satz 'ne Lücke: Kein Problem,
wir machen es uns hier bequem.

Ringel ... Ringel ... Reihe,
wir sind immer Dreie!
Wenn du mal was vom Wort weglässt,
dann klebe uns dicht an den R...

Doppelpunkt

Als Ankündigungszeichen kann der Doppelpunkt zwischen zwei Sätzen oder innerhalb eines Satzes eingesetzt werden. Er setzt eine Pause und macht gleichzeit aufmerksam auf das, was nach ihm folgt. Zwar steht er nie am Ende eines Satzes, trotzdem müssen wir nach dem Doppelpunkt die Großschreibung anwenden, wenn

- eine direkte (wörtliche) Rede oder
  Er fragte: »Wann kommst du nach Hause?«
- ein selbständiger, vollständiger Satz folgt.
  Immerhin: Er hatte es bis ins Ziel geschafft.

Folgen dem Doppelpunkt hingegen nur unselbständige Einzelwörter oder Wortgruppen, so schreibt man klein weiter:

- *Du brauchst: einen Teller, einen Becher und Besteck.*

Der Doppelpunkt kann außerdem auch als Verhältniszeichen zwischen Ziffern dienen. Auf beiden Seiten des Doppelpunkts steht dann ein Leerzeichen. Beim Lesen ersetzen wir ihn mit dem Wort *zu:*

- *Das Spiel endete 1 : 3.*
- *Der Maßstab beträgt 1 : 125.*

Auch bei der Angabe von Uhrzeiten und Zeitdauern können wir den Doppelpunkt setzen, dann jedoch ohne Leerzeichen:

- *Die Schule beginnt um 08:00 Uhr.*
- *Die Zeit des Marathonläufers betrug 2:35:19 Stunden.*
  (= 2 Stunden, 35 Minuten und 19 Sekunden)

Der Doppelpunkt ist amüsiert,
nur selten einer es kapiert:
Wie es richtig weitergeht,
kommt drauf an, was nach ihm steht:

Ganzer Satz?

Folgt nach ihm ein ganzer Satz,
dann mach dem Großbuchstaben Platz!
Kein ganzer Satz? Dann füg dich leise
in der kleingeschriebnen Weise.

Komma im Satzgefüge

Die Kombination von Haupt- und Nebensätzen nennt man Satzgefüge. Nebensätze können nie alleine stehen und werden von ihrem zugehörigen Hauptsatz immer durch ein Komma abgetrennt. Steht der Nebensatz als Einschub in der Mitte, so wird er von zwei Kommas eingeschlossen.
Es gibt viele verschiedene Sorten von Nebensätzen. Bei den meisten Formen steht die finite, konjugierte Verbform typischerweise am Ende des Nebensatzes:

- *Ich will, dass du nach Hause kommst.*
- *Ich rufe dich an, wenn ich gegessen habe.*

Infinitiv- und Partizipialsätze weichen von dieser Regel ab, da sie kein eigenes Subjekt verwenden, sondern sich auf das Subjekt des Hauptsatzes beziehen:

- *Ich bin froh, hier zu sein.*
- *Endlich angekommen, ging er ins Haus.*

Beachte
Manchmal muten adverbiale Bestimmungen wie ein Nebensatz an. Im Unterschied zu Nebensätzen enthalten sie kein Prädikat. Diese Adverbiale werden nicht durch ein Komma abgegrenzt:

- *Im Gegensatz zu dir bin ich immer pünktlich.*
- *Nach Abspülen des Geschirrs mache ich eine Pause.*

Ein Nebensatz kann nie allein
ohne seinen Hauptsatz sein.
Und zwischen Haupt- und Nebensatz,
gib bitte stets dem Komma Platz.

Doch Vorsicht: Es liegt vielleicht auch nur
ein Adverbial als Zusatz vor.
Bei diesem ist kein Komma da,
es wär zu viel und falsch sogar!

Du prüfst es nach, indem du checkst,
ob du ein Prädikat entdeckst.
Dies muss ein Nebensatz enthalten,
sonst kann er sich nicht ganz entfalten.

Komma in der Satzreihe

Im Gegensatz zum Satzgefüge ist eine Satzreihe eine Zusammensetzung aus gleichrangigen Teilsätzen, die durch ein Komma voneinander abgegrenzt werden. Wahlweise können wir eine Satzreihe stattdessen auch in einfache Sätze trennen:

- *Es ist heiß, ich esse ein Eis.*
  Es ist heiß. Ich esse ein Eis.
- *Alle lachten, ich lachte nicht.*
  Alle lachten. Ich lachte nicht.

Die Kommaregel gilt auch, wenn die Teilsätze der Satzreihe durch eine Konjunktion oder mit Adverbien eingeleitet werden:

- *Es ist heiß, deswegen esse ich ein Eis.*
- *Ich komme morgen, vielleicht auch übermorgen.*

Wichtig ist das Komma auch bei zusammengezogenen Sätzen. Bei diesen handelt es sich um gleichrangige Sätze, die ein Satzglied gemeinsam haben, das aber nur einmal genannt wird. Hier kann das Komma für Inhalt und Ausdruck entscheidend sein:

- *Er will, sie (will) nicht. – Er will sie nicht.*
- *Die Kinder essen, auch Opa (isst). – Die Kinder essen auch Opa.*

Er will, sie nicht.

Er will sie nicht.

Komma bei Aufzählungen

Aufzählungen gleichrangiger Teilsätze, Wortgruppen oder Wörter werden üblicherweise durch ein Komma voneinander abgetrennt. Wir können Aufzählungen jedoch auch durch Konjunktionen miteinander verknüpfen. Ob weiterhin ein Komma gesetzt wird, hängt von der Konjunktion ab:

Das Aufzählungskomma steht bei:

- einschränkenden Konjunktionen
  aber, allerdings, doch, jedoch, vielmehr, sondern, wenn auch, geschweige denn
- verstärkenden Konjunktionen
  so, auch
- mehrteiligen Konjunktionen
  nicht nur – sondern auch, einerseits – andererseits, zum einen – zum anderen, ob – ob, teils – teils

Bei folgenden Konjunktionen entfällt das Komma jedoch:

- *und, sowie, wie, oder, beziehungsweise, respektive, sowohl – als auch, weder – noch, entweder – oder,*

Beachte
Vor den beiden Konjunktionen *und* und *oder* kann wahlweise ein Komma gesetzt werden, um bei einer Reihung selbständiger Sätze die Gliederung hervorzuheben.

Waagerecht Konjunktionen mit Komma
Senkrecht Konjunktionen ohne Komma

Komma bei Grußformeln

Sehr geehrte Leserin, sehr geehrter Leser,

bitte beachten Sie, dass nach einer Anrede im Brief ein Komma folgt. Da nach dem Komma der Satz weitergeht, müssen Sie das erste Wort des eigentlichen Textes kleinschreiben (sofern es sich nicht um ein Substantiv oder Anredepronomen handelt).

Wahlweise können Sie die Anrede auch mit einem Ausrufezeichen abschließen. In diesem Fall beginnen Sie den folgenden Textblock entsprechend mit Großschreibung, da ja nun ein neuer Satz beginnt.

Übrigens: Zwischen der Grußformel und Ihrer Unterschrift am Ende eines Briefes steht hingegen kein Komma und auch kein sonstiges Satzzeichen.

Mit herzlichem Gruß

Ihre B. Rakowitz

Das Komma weint gar bitterlich
und verkündet jämmerlich:
Es will auch mal den Schluss markieren
und sich am Satzende platzieren.

Der Punkt verweist, um Trost zu spenden,
darauf, wie Anreden oft enden:
Nach »Werte Dame, werter Herr«
folgt meist ein Komma hinterher.
Dort sitzt es also dann am Schluss,
es drum auch nicht mehr jammern muss.
Das Komma tanzt und springt umher,
weinen muss es nimmermehr.

Gut, dass das Komma übersieht,
dass es nur vom Schein getrügt.
Der erste Satz im Brief beginnt
mit einer Anrede, das stimmt.
Doch von Ende keine Spur,
der Text beginnt damit doch nur!
Der Satz danach noch weitergeht
und in den Hauptblock übergeht.
Dieser beginnt darum zwangsweise
stets in der kleingeschriebnen Weise.

Komma bei Anreden

Wenn wir einem Satz eine Anrede anfügen, so wird diese Anrede durch ein Komma vom eigentlichen Satz abgetrennt. Die Anrede kann dabei an drei verschiedenen Stellen stehen:

- am Anfang: *Mama, ich möchte dir ein schönes Bild malen!*
- im Inneren: *Ich möchte dir, Mama, ein schönes Bild malen!*
- am Schluss: *Ich möchte dir ein schönes Bild malen, Mama!*

Beachte
Steht die Anrede im Inneren, steht das Komma sowohl davor als auch danach!

Wird dieses trennende Komma vergessen, kann manchmal die Aussage in eine ganz andere Richtung gehen:

- *Ich male, Mama!* sagt aus, dass das Kind seiner Mama erzählt, dass es malt.
- *Ich male Mama!* hingegen bedeutet, dass das Kind seine Mutter malt.

Besonders dramatisch und regelrecht lebensgefährlich wird es beim Titel dieses Buchs:

- *Wir essen, Opa!*
  bedeutet, dass die Enkel ihren Opa zum Essen rufen.
- *Wir essen Opa!*
  allerdings besagt, dass die Enkel ihren Opa aufessen.

Wir essen, Opa!

Komma bei der Adjektiv-Reihung

Um anschaulich zu erzählen, reihen wir oftmals mehrere Adjektive aneinander. Doch aufgepasst: Nicht immer dürfen wir die einzelnen Attribute durch Kommas trennen.

Mit Komma trennen wir nur, wenn die Adjektive gleichrangig sind. In diesem Fall könnten wir statt des Kommas ein „und" einfügen. Auch können wir die Reihenfolge der Adjektive beliebig tauschen:

- *Heute ist ein kalter, verregneter Tag.*
- *Heute ist ein kalter und verregneter Tag.*

Doch Gleichrangigkeit ist nicht immer gegeben. Manchmal bildet das letzte Adjektiv vor dem Substantiv mit diesem eine Einheit. Das vorangehende Adjektiv dient dann der näheren Beschreibung dieser Einheit:

- *Heute ist ein kalter verregneter Tag.*
  Der verregnete Tag ist also kalt. Es könnte sonst ja auch ein warmer verregneter Tag sein.

Willst du ein Substantiv skizzieren,
mit einer Eigenschaft verzieren?
Dann ist es immer effektiv,
setzt du davor ein Adjektiv.

Doch gib gut acht, dies gilt nur dann,
falls man die Wörter tauschen kann
und nicht der Sinn verloren geht,
wenn man die Platzordnung verdreht.
Denn wenn das letzte Adjektiv
gemeinsam mit dem Substantiv
als eine feste Einheit steht,
dann ist das Komma obsolet.

kleines,
schwarzes Auto

kleines, gelbes Auto

Gibst du gerne dann und wann
mehrere Eigenschaften an?
Kein Problem, zähl alle auf.
Doch nimm dann bitte auch in Kauf,
die Eigenschaften zu vernetzen
und Kommas zwischen sie zu setzen.

Komma bei Vergleichen

Vor den vergleichenden Konjunktionen *als* und *wie* steht in der Regel kein Komma:

- *Peter ist schneller als Stefan.*
- *Deine Bilder sind viel schöner als meine.*

Beachte

Wenn jedoch der Vergleich ein Satzgefüge aus Haupt- und Nebensatz ist, dann wird durchaus ein Komma gesetzt:

- *Peter ist schneller, als Stefan gedacht hat.*
- *Deine Bilder sind viel schöner, als du glaubst.*

Mein Gaul ist schneller, als du denkst.
Sogar schneller als dein Hengst!

Die Sätze gleichen sich scheinbar,
doch ist der Unterschied dir klar?
Im ersten Satz ein Komma steht,
beim zweiten es dann ohne geht.

Denn einmal ists ein Satzgefüge,
das Komma tut dem hier Genüge.
Beim zweiten fehlt der Nebensatz,
drum wär ein Komma fehl am Platz.

Großschreibung

Groß oder klein: Zahlwörter

Grundzahlen unter einer Million schreibt man in der Regel klein, auch wenn sie als Nomen verwendet werden:

- *Es kamen fünfzig Freunde zur Party.*
- *Die zwei gehören zusammen.*

Ab der Größenordnung von einer Million gilt jedoch auch für Zahlen die Großschreibung:

- *Er hat letztes Jahr zwei Millionen Platten verkauft.*

Beachte
Ist bei einer nominalisierten Grundzahl die Ziffer gemeint, so schreibt man sie groß:

- *Ich setze auf die Vierzehn.*
- *Er würfelt eine Sechs.*
- *Er fährt mit der Acht.*

Million

neununddreißig zehn
acht vierhunderteins
zwanzig siebentausend neun hundert
sechzig vier siebenundachtzig
tausend null zwei acht zwanzig
elf drei vierundvierzig eins zwölf
zweihundertneun sieben
einundachtzig fünf zwei neunzig
dreizehn dreitausendfünfzehn

Groß oder klein: Ordnungszahlen

Mit Ordnungszahlen können wir Reihenfolgen erstellen. Nutzen wir sie adjektivisch in Kombination mit Nomen, so werden sie kleingeschrieben:

- *Er ist in der vierten Klasse.*
- *Er hat noch eine zweite Chance.*

Doch Ordnungszahlen können auch nominalisiert sein und werden dann großgeschrieben:

- *Er will immer der Erste sein.*
- *Jeder Fünfte schläft schlecht ein.*

Das Gleiche gilt für sinnverwandte Adjektive, die auch eine Position in einer Reihe wiedergeben. In der Form des Adjektivs genutzt, schreiben wir sie klein. Bei Nominalisierungen hingegen gilt die Großschreibung:

- *Sie steht an vorletzter Position.*
- *Der Nächste, bitte!*

Beachte
Wenn die Ordnungszahl einen Vor- oder Rückbezug hat, dann steht sie in der Funktion eines Adjektivs, wird also kleingeschrieben:

- *Stefan gewann die erste Runde, Peter die zweite (Runde).*

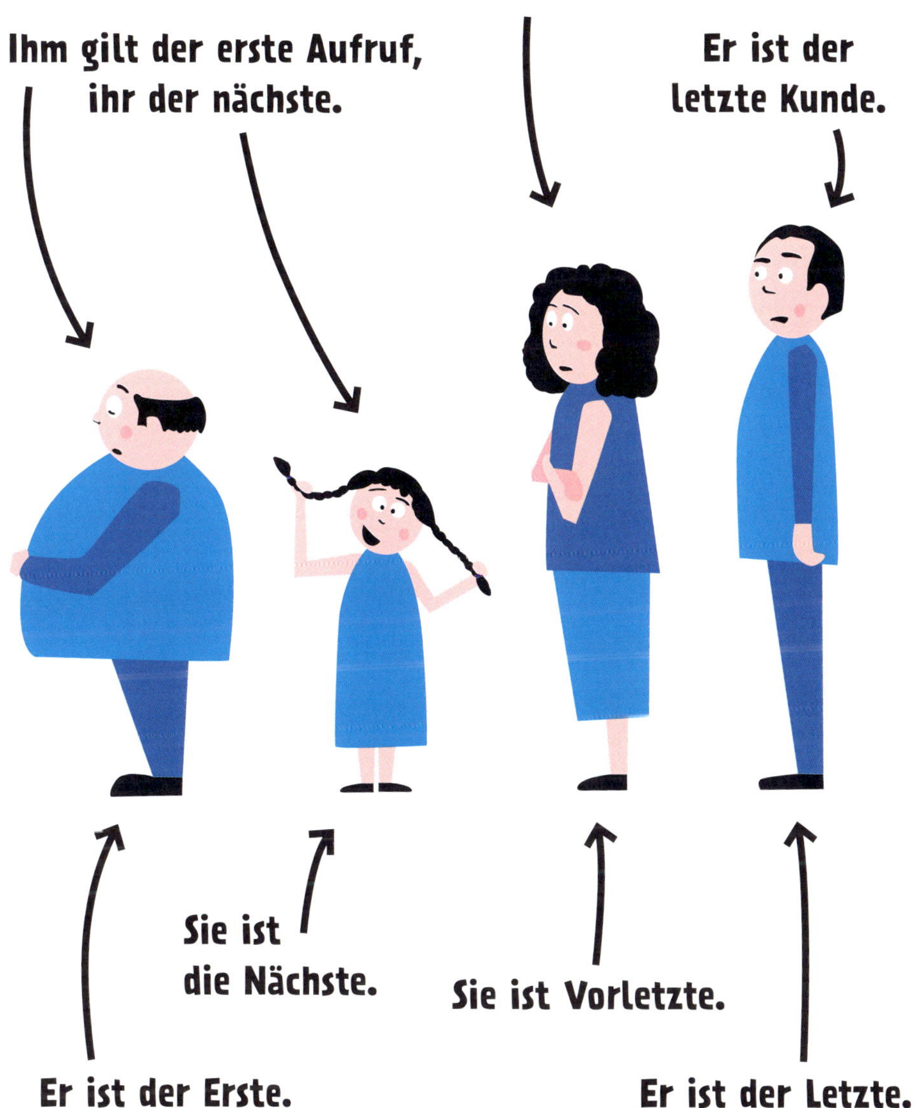
Sie steht an vorletzter Stelle.
Ihm gilt der erste Aufruf,
ihr der nächste.
Er ist der
letzte Kunde.
Sie ist
die Nächste.
Sie ist Vorletzte.
Er ist der Erste.
Er ist der Letzte.

Groß oder klein: Wochentage & Tageszeiten

Wir können Wochentage oder Tageszeiten entweder in Form von Nomen oder in Form von Adverbien angeben. Wie üblich schreiben wir die Nomen groß, die Adverbien klein:

- *Ich gehe am Montag ins Büro.*
  Ich gehe montags ins Büro.
- *Ich trinke am Morgen Kaffee.*
  Ich trinke morgens Kaffee.

Beachte

Erkennbar sind die Adverbien durch das *-s* am Wortende.
Doch nicht blind dem *-s* vertrauen,
es könnte sich auch um ein Genitiv-*s* handeln:

- *Eines Abends schlief er einfach ein.*

Die Wochentage brüsten sich,
mit Großbuchstaben feierlich.
Doch Montag, Dienstag und so weiter
sind nur groß durch den Begleiter!
Du kannst sie leicht in Demut zwingen,
musst nur ein kleines -s anhängen!
Denn montags, dienstags schreibt man klein,
so muss das bei Adverbien sein.

Die Tageszeiten lauthals heulen,
sie gleichfalls dieses Schicksal teilen.
Ob kleines nachts, ob große Nacht:
Das s am Ende hat die Macht!

Groß oder klein: unbestimmte Mengen

Wenn wir eine Menge benennen, ist die exakte Zahl oft nicht bekannt. Denn wie viele sind mehrere, wenige oder viele? Wie groß ist die Gruppe der einen, wie groß die Gruppe der anderen? Derartige Mengenangaben schreiben wir immer klein, auch wenn sie nominalisiert sind:

- *Sehr viele sind gekommen, aber nur wenige konnten bleiben.*
- *Die einen essen gerne Käse, die anderen nicht.*
- *Wir alle genießen den Urlaub, jeder macht etwas anderes.*

Zu diesen unbestimmten Mengenangaben gehört auch das Wörtchen *beide*, auch wenn es sich hier ganz klar immer um zwei handelt:

- *Sie gehen beide zur Schule.*
- *Dieses Spiel gehört uns beiden.*

Beachte
Hinter der Angabe *ein paar/ein Paar* kann sich je nach Bedeutung das kleingeschriebene Zahladjektiv oder das großgeschriebene Pärchen verstecken. Im Zweifel einfach den unbestimmten Artikel in den bestimmten umwandeln: Wenn das funktioniert, dann handelt es sich um das Nomen.

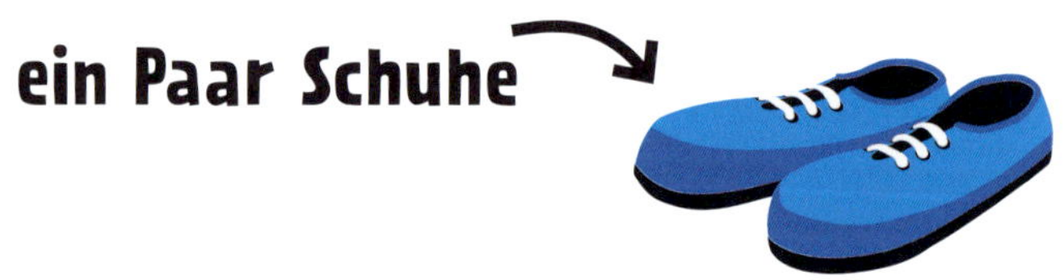

Mengen leiden oft daran,
dass man sie nicht zählen kann.
Ob viele oder wenige,
die meisten oder einige:
Die Anzahl ist nur grob genannt,
exakte Zahlen nicht bekannt.

Den Mengen ist dies eine Pein,
drum schreiben sie sich lieber klein.
Selbst wenn sie stehen mit Begleiter:
Die Kleinschreibregel gilt stets weiter!
»die beiden« sind hier nicht befreit,
auch wenn sie immer sind zu zweit.
Obwohl sie also zählbar sind,
sie trotzdem Teil der Regel sind.

Doch bei »ein paar« sei auf der Hut
und überleg im Zweifel gut:
Ist »ein« durch »das« hier austauschbar?
Dann ists ein Hauptwort, schreib ein Paar!
Denn Nomen schreibt man überall
mit Großbuchstaben – klarer Fall.

ein paar Schuhe

Groß oder klein: Adverbien

Mit Adverbien können wir Tätigkeiten, Ereignisse und Zustände näher beschreiben. Sie bilden eine eigene Wortart, die sich von den Adjektiven unter anderem darin unterscheidet, dass sie sich nicht flektieren lassen:

- *Ich kaufe vielleicht ein Haus.*
  NICHT: *Der vielleichte Kauf eines Hauses.*
- *Er sagt vorsichtshalber ab.*
  NICHT: *Die vorsichtshalbe Absage.*
- *Hans löst die Aufgabe anders als Peter.*
  NICHT: *Hans hat eine anderse Lösung.*

Diese Adverbien schreiben wir immer klein. Großschreibung ist nur dann vorgeschrieben, wenn die Adverbien

- am Satzanfang stehen:
  Hier bleibe ich.
  Gestern war es noch da.
- nominalisiert sind und dann die Eigenschaft von Nomen angenommen haben:
  Ich lebe im Hier und Jetzt.
  Das Irgendwo ist überall.

Adverbien schreibst du immer klein,
auch lass das Deklinieren sein.
Wenn sie jedoch als Hauptwort zählen,
musst du den Großbuchstaben wählen.
Wenn du diese Regel schätzt,
dann schreibe groß

im Hier und Jetzt.

Doch willst du hier und jetzt was schreiben,
so solls bei Kleinbuchstaben bleiben.

Groß oder klein: Angst/angst

Den Begriff *angst/Angst* gibt es sowohl als Adjektiv als auch als Nomen. Je nach Gebrauch müssen wir es also klein- oder großschreiben:

- *Er macht mir Angst.*
- *Ich habe Angst.*
- *Mir ist ganz angst und bange.*

Tipp

Bei Unsicherheit einfach eine Frage zu diesem Satz stellen. Mit *was?* fragen wir nach dem großgeschriebenen Nomen, mit *wie?* nach dem kleingeschriebenen Adjektiv:

- *Was hast du? Ich habe Angst.*
- *Wie ist dir? Mir ist angst und bange.*

Soll einem angst und bange sein,
frag »wie ist ihm?« und schreib es klein.
Doch soll er Angst und Bange haben,
frag »was?« und schreibs mit Großbuchstaben.

Groß oder klein: Recht/recht

Das Wörtchen »recht« muss manchmal groß- und manchmal kleingeschrieben werden, in manchen Fällen ist die Schreibung freigestellt. Das ist verwirrend. Die jeweilige Bedeutung kann meist den passenden Hinweis geben:

Wenn wir das Wort *Recht* in Großschreibung nutzen, dann handelt es sich um ein Nomen im Sinne von Recht und Gesetz:

- *Jeder hat das Recht auf freie Meinungsäußerung. Vor Gericht wird Recht gesprochen. Sie haben zu Recht gewonnen.*

Das kleingeschriebene *recht* hingegen ist Adjektiv oder Adverb und wird als solches immer kleingeschrieben. Es hat die Bedeutung von *richtig* oder *ziemlich:*

- *Das ist genau der rechte Moment. Das geschieht ihm recht. Das funktioniert recht gut.*

Ein paar Verbverbindungen sind schwierig zu interpretieren, doch in diesen Fällen ist tatsächlich beides erlaubt:

- *Sie hat recht/Recht behalten. Da gebe ich dir recht/Recht. Du hast recht/Recht daran getan.*

Beachte
Bei der Verbverbindung *recht/Recht haben* gibt es sowohl Groß- als auch Kleinschreibung. Hier allerdings nicht im Sinne einer freien Wahl, sondern abhängig von der Bedeutung

- *Er hat Recht auf Widerspruch.*
- *Du hast ja so recht.*

zu Recht
im Recht sein
Recht sprechen
von Rechts wegen

das kommt mir grade recht
das war recht einfach
wenn ich mich recht erinnere
da hast du recht

Rächtschraipung

Vokale

Vokale sind Laute, bei deren Bildung unsere Atemluft weitgehend ungehindert aus unseren Luftwegen entströmen kann. Abgebildet werden diese Laute durch die Vokalbuchstaben, die wir gleichermaßen kurz »Vokale« nennen. Wenn wir also von Vokalen sprechen, meinen wir meist diejenigen Buchstaben, die lediglich als Zeichen für einen phonetischen Laut dienen.

Ausgehend von den 26 Grundbuchstaben unseres Alphabets können wir 5 Vokale benennen: *a, e, i, o, u*. Rechnen wir die Umlaute mit, so reihen sich noch *ä, ö* und *ü* dazu. Die Doppelvokale (z.B. *au, eu, ei* ...) sind – wie ihr Name schon ausdrückt – eine Kombination zweier Vokale zu einem Doppellaut.

Es gibt ein Wort, das alle Vokale je einmal enthält – und das auch noch in der richtigen alphabetischen Reihenfolge! Findest du es heraus, bevor das komplette Galgenmännchen hängt?

_ A _ E _ _ I _ _ _ _ O _ _ U _ _

Lösung: Magermilchjoghurt

Worttrennung

In der Regel stimmen die Grenzen unserer Sprechsilben mit den Trennstellen der Wörter überein. Doch es gibt ein paar wichtige Regeln, die bei der Trennung zu beachten sind:

- Einzelne Vokalbuchstaben am Wortanfang oder -ende werden nicht abgetrennt:
  Abend, Ober, Pha-rao, Kleie
- Steht ein Konsonant zwischen zwei Vokalen, so kommt dieser bei der Trennung auf die nächste Zeile:
  ma-len, se-hen, Lei-ter, Brau-se, Ei-mer
- Stehen mehrere Konsonanten zwischen zwei Vokalen, so kommt nur der letzte Konsonant in die neue Zeile:
  Lis-te, knusp-rig, imp-fen
- Stehen Buchstabenverbindungen (wie ch, ck, sch, ph, sp ...) wie ein einziger Konsonant, so trennt man sie nicht:
  Vor-spiel, Ma-sche, Lu-ther
  Aber: *lis-peln, Häs-chen, Rat-haus*
- Bei Vorsilben oder Zusammensetzungen wird zwischen den Bestandteilen getrennt:
  Vor-hang, Mit-ar-beit, kom-plett
- Doppelvokale (ai, au, äu, ei, eu, oi) werden nicht getrennt. Aber aufeinanderfolgende Vokalbuchstaben, die zu verschiedenen Silben gehören, werden getrennt:
  bau-en, Muse-um, be-inhalten, Fei-er

Beachte
Manche Worttrennungen sind zwar möglich, sollten aber vermieden werden, da sie beim Lesen einen ungünstigen Sinn ergeben:
Anal-phabet, Frust-ration, Nachteil-zug, Teiler-folge, Urin-stinkt

bein-halten
Urin-stinkt

Getrenntschreibung: Verben

Verben können wir im Deutschen gut mit anderen Wörtern kombinieren. Das Vertrackte ist nur: Einmal verschmelzen zwei Wörter zu einem einzigen Wort, ein andermal bilden wir eine Wortgruppe aus zwei getrennt geschriebenen Wörtern:

- Manche Zusammensetzungen sind untrennbar, z.B. *untersuchen.* Wir können nicht sagen *ich suche unter.*
- Einige Zusammensetzungen gelten nur für den Infinitiv, die Partizipien und für Nebensätze: *ankommen/ankommend/sobald wir ankommen.*
  Die Betonung liegt dabei auf dem ersten Wortteil.
- Liegt die Betonung auf beiden Wörtern, trennen wir: *Er kann wieder sehen.*
- Manchmal ergibt die Zusammenschreibung eine ganz neue Bedeutung: *richtig stellen – richtigstellen.*
- Ist der erste Wortteil ein Nomen, wird in der Regel getrennt geschrieben: *Rad fahren, Radio hören.*
  Ist jedoch die Bedeutung des Nomens verblasst, schreiben wir zusammen: *teilnehmen, kopfstehen.*
- Verbindungen aus zwei Verben werden in der Regel getrennt geschrieben: *schwimmen lernen, spazieren gehen.*
- Verbindungen mit *sein* werden immer getrennt geschrieben: *zufrieden sein, fertig sein.*

Tipp

Wird das erste Wort betont, schreiben wir in der Regel zusammmen. Liegt die Betonung jedoch auf beiden Wörtern, wird getrennt!

Dir fehlt etwas? Ich helfe dir!
Lass uns **zusammen suchen**.

Das brauchst du nicht, ich wollte nur
den Müll **zusammensuchen**.

Herr Doktor, bitte sagen Sie,
wann kann ich **wieder sehen**?

Das heilt recht schnell. Ich denke dann,
wenn wir uns **wiedersehen**.

Der Oskar ist ein dicker Mann.
Stürzt er, wird er **schwer fallen**.

Er neulich 'ne Diät begann.
Das ist ihm **schwergefallen**.

Was meinst du, sollen wir
den Rotwein **offen lassen**?

Ach weißt du was, ich möchte mir
das jetzt noch **offenlassen**.

Früh am Morgen bin ich schlapp,
ich mag noch **liegen bleiben**.

Dumm, dass ich so viel Arbeit hab,
die darf nicht **liegenbleiben**.

Mama, ich erzähl dir was,
du darfst gern **sitzen bleiben**.

Der Lehrer sagt, es sei kein Spaß:
Ich werde **sitzenbleiben**.

Getrenntschreibung: Adjektive

Es gibt zahlreiche zusammengesetzte Adjektive sowie adjektivische Wortgruppen. Einige Adjektive werden immer zusammengeschrieben, während andere wahlweise zusammengeschrieben oder getrennt geschrieben werden können. Strikte Zusammenschreibung erfolgt

- wenn der erste Teil erläutert werden kann:
  fingerbreit – breit wie ein Finger
  altersschwach – schwach aufgrund des Alters
- wenn einer der Bestandteile kein eigenständiges Wort ist:
  großspurig, vieldeutig, mehrsilbig
- wenn gleichrangige Adjektive zusammengesetzt sind:
  taubstumm, nasskalt
- wenn das erste Wort die Bedeutung des zweiten verstärkt oder vermindert:
  bitterkalt, lauwarm, bildschön, schneeweiß

Man kann zusammenschreiben oder getrennt schreiben

- bei der Verbindung sonstiger Wortarten mit Partizipien:
  Rat suchend – ratsuchend
  allein erziehend – alleinerziehend
- wenn ein Adjektiv das nachfolgende Wort näher bestimmt:
  allgemein gültig – allgemeingültig
  schwer krank – schwerkrank

Tipp

Bei Zusammenschreibung liegt die Betonung meist auf dem ersten Wort, bei getrennter Schreibweise auf beiden Wörtern.

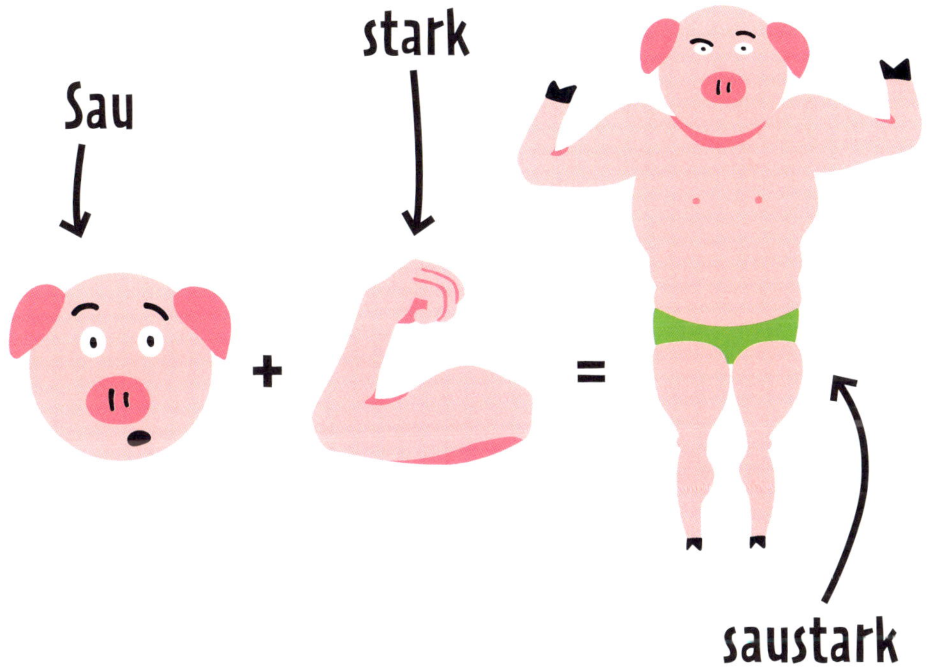
stark
Sau
+
=
saustark

Getrenntschreibung: Konjunktion versus Wortgruppe I

Die satzverbindenden Konjunktionen *sooft*, *sobald* und *soweit* werden zusammengeschrieben. Die Betonung liegt dabei stets auf dem zweiten Wortteil:

- *Ich rufe dich an, sobald ich mit dem Abwasch fertig bin.*
- *Sooft ich dich auch gebeten habe, du hast nie geholfen.*
- *Soweit ich es beurteilen kann, ist das alles korrekt.*

Doch Vorsicht: Es gibt gleichlautende, getrennt geschriebene Wortgruppen, die eine andere, eigene Bedeutung haben. Betont werden dann jeweils beide Wörter:

- *So bald kann ich nicht kommen.*
- *Das sagte ich doch schon so oft!*
- *Ist es schon so weit?*

Der **Braunbär** findet Wörter toll,
die man zusammenschreiben soll.

Doch das kleine **rosa Schwein**
findet getrennte Schreibung fein.

Sooft ich bei dir klopfte,
du machtest niemals auf.

Ich sagte dir doch schon **so oft**,
ich steh so ungern auf.

Sobald ich dich zu fassen krieg,
seif ich dich kräftig ein!

... haha, ja dann versuch es doch!
So bald wird das nicht sein!

Soweit ich weiß, wirds morgen heiß.
Komm, lass uns baden gehen.

Es ist **so weit**? Ich bin bereit!
Ich treff dich bei den Seen!

Getrenntschreibung: Konjunktion versus Wortgruppe II

Die Kombination von *so* und *viel* schreibt man im Grunde immer getrennt:

- *So viel habe ich gar nicht bestellt.*
- *Es kamen so viele Gäste.*

Zusammen schreiben sich diese Wörtchen nur dann, wenn es sich um die Konjunktion *soviel* handelt. In diesem Fall kann zur Kontrolle das Wörtchen *soviel* durch die sinnverwandte Konjunktion *soweit* ersetzt werden:

- *Soviel/Soweit ich weiß, ist sein Geburtstag schon morgen.*
- *Er ist im Urlaub, soviel/soweit ich weiß.*

Aber du hast doch Hunger, **soviel** ich weiß?!

e oder ä?

Vorerst ist festzuhalten: Der Wortstamm bezeichnet denjenigen Teil eines Wortes, der den gemeinsamen Part einer Wortfamilie ausmacht. Er ist Ausgangspunkt flektierter Wortformen, wir können also die Schreibweise der verschiedenen Wörter dieser Wortfamilie vom gemeinsamen Wortstamm ableiten.

Doch eine solche Ableitung bringt manchmal einen Vokalwechsel in den zugehörigen Umlaut mit sich. Wenn der Wortstamm also ein *a* enthält, so schreiben sich die verwandten Wörter mit *a* oder *ä*, aber nie mit *e*. Das Gleiche gilt für den Doppelvokal *au*. Er kann sich in ein *äu* wandeln, aber nie in das lautgleiche *eu*:

- *Apfel – Äpfel / kalt – Kälte / ganz – gänzlich*
- *Maul – Mäuler / Mauer– Gemäuer / blau – bläulich*

Wer sich demnach bei der Schreibung nicht sicher ist, ob es sich um ein *e* oder *ä* handelt, sollte nach weiteren Wörtern aus der gleichen Familie suchen. Wenn der gemeinsame Wortstamm ein *a* enthält, erfolgt die Schreibung mit *ä*. Es gibt allerdings ein paar wenige Wörter, die schreiben sich von Grund auf mit *ä*. Bei diesen gibt es keine Möglichkeit der Ableitung, man muss sie schlichtweg kennen und lernen:

- *Bär, Käse, mähen, Lärm, Diät*

e und ä klingen fast gleich!
So ist es manchmal nicht so leicht,
den rechten Buchstaben zu finden
und ins Wort dann einzubinden.
Drum leite dir den Wortstamm her,
der hilft dir bei der Schreibung sehr!
Denn der Stamm bleibt stets bestehen,
und so kannst du an ihm sehen,
wie du das Wort zu schreiben hast,
ob e oder auch ä hier passt.

Lämmer

be t

In belämmert steckt das Lamm,
und die Dämmung kommt von Damm.
Behände zeigt klar auf die Hand,
unbändig hat als Stamm das Band.
Aus dem Stamm werden die Stämme
und aus Kamm natürlich Kämme.
Das Wort Räder kommt von Rad,
die Bäder gehn zurück auf Bad.
Die Mäuse stammen ab von Maus,
die Häuser wiederum von Haus.

Doppel-s oder ß?

Das Doppel-*s (ss)* und das sogenannte scharfe *s (ß)* vertreten beide den scharfen, stimmlosen *s*-Laut. Welcher von beiden bei der Schreibung eingesetzt werden muss, hängt von der Länge des vorangehenden Vokals ab:

- *Nach kurzem Vokal folgt ss.*
- *Nach langem Vokal oder Doppelvokal schreibt man ß.*

Wenn der Wortstamm einen stimmlosen *s*-Laut enthält, so haben auch alle verwandten Wörter ein stimmloses *s*. Die Schreibweise hingegen kann entsprechend der Vokallänge durchaus variieren. Auch bei der Beugung eines Wortes kann sich der Vokal ändern:

- *wissen – ich weiß – ich wusste – das Wissen*
- *lassen – ich lasse – ich ließ – die Zulassung*
- *schießen – ich schieße – ich schoss – der Schuss*

Das Schloss, der Kuss,
das Ross, der Fluss:
Ist der Vokal kurz und betont,
ein Doppel-s dahinter wohnt.
Auch bei Flosse oder Fass,
auch bei Posse oder Pass:
Wenn der Vokal kommt schnell geschossen,
kannst du das scharfe s vergessen!

Doch Schoß und Fuß,
auch Floß und Ruß:
Diese klingen lang und voll,
daher das scharfe s hin soll.
Drum merke dir und gib gut acht:
Beim scharfen s sprich mit Bedacht!

Das lange i

Wird das *i* in deutschen Wörtern betont und lang gesprochen, so wird seine Länge schriftlich meist durch das angefügte Dehnungs-*e* angezeigt:

- *viel, Miete, dienen, Spiel, schief*

Leider machen viele Wörter hier eine Ausnahme. Sie verzichten auf das Dehnungs-*e* und werden dennoch mit einem langen *i* gesprochen:

- *Kamin, Mandarine, Titel, stabil*

Es gibt ein paar Wortpaare, die exakt gleich klingen, aber eine ganz andere Bedeutung haben. Haben solche Wortpaare ein langes *i* in sich, so kann die Schreibung einmal mit und einmal ohne Dehnungs-*e* zur Unterscheidung dienen:

- *Miene – Mine*
- *Lied – Lid*
- *wieder – wider*

Tipp

Eine Regel gibt es nicht. Daher vielleicht genau der richtige Anlass für ein kleines Quatschgedicht. Es gibt leider noch weit mehr Wörter mit langem *i* ohne *e*, das Gedicht kann daher mit dem Krokodil eigentlich noch lange nicht enden … Also: Ran an die Reime!

Skurrile Geschichte mit Reptil

In China lebte einst Sabine
und freute sich an 'ner Gardine.
Denn dort warn lila Disteln drauf
daneben Lilien zuhauf.
Die Kamera auf das Stativ,
das war ein herrliches Motiv!
Doch plötzlich kam ein Tiger rein,
schnell wie eine Lawine.
Und noch ein Bison hinterdrein,
das schnauft wie 'ne Maschine.
Sabine schloss ganz schnell die Lider
die beiden waren ihr zuwider.
Von kiloschwerer Angst belastet,
hat die Bibel sie ertastet.
Ach, was wäre es jetzt prima,
wär sie nicht hier, sondern in Lima.
Sie wollte raus aus der Kabine,
sie hatte doch auch noch Termine!
Es war gar schlimm mitanzusehn,
war diese Krise durchzustehn?
Die Dame war zwar sehr grazil,
doch bei Gefahr viel zu labil.
Zum Glück kam Simon angerannt,
er nahm sie stilvoll an der Hand.
Sie flohen beide bis zum Nil,
doch dort fraß sie ein Krokodil.

das oder dass?

Das Wörtchen *das* kann bestimmter Artikel, Relativ- oder Demonstativpronomen sein. In allen Fällen lässt sich *das* durch *dies(es)*, *jenes* oder *welches* ersetzen:

- *Das Auto, das ich fahre, ist grün. Das ist die Wahrheit. Jenes Auto, welches ich fahre, ist grün. Dies ist die Wahrheit.*

Dieser kleine Test kann bei Unsicherheit helfen, *das* von *dass* zu unterscheiden. Denn die Konjunktion *dass* ist durch kein anderes Wort zu ersetzen:

- *Ich weiß, dass das Auto grün ist.*

Wann schreibt man das und wann indes
ein dass mit einem Doppel-s?
Wenn du dir mal nicht sicher bist,
dann diese Regel hilfreich ist:
Ein schlichtes das steht immer dann,
wenn man es leicht ersetzen kann:

das als Artikel? Kann schon sein,
setz mal den unbestimmten ein!
Wenn beides geht: das Jahr – ein Jahr,
dann ist die Schreibung sonnenklar.
das als Pronomen? Probier es aus,
mach »welches« oder »dieses« draus.
Wenn es sich so verändern lässt,
dann ist gelungen dieser Test.

Doch dass als Konjunktion ist nie
durch andres zu ersetzen.
Selbst die schönste Poesie
kann nichts entgegensetzen.

Starke und schwache Verben

Im Deutschen unterscheiden wir zwischen sogenannten starken und schwachen Verben. Doch mit der Bedeutung hat dies reichlich wenig zu tun: *kämpfen* und *siegen* sind zum Beispiel schwach, *aufgeben* und *verlieren* hingegen stark. Die Bezeichnung beschreibt, wie sich die Verben bei ihrer Beugung in den beiden Vergangenheitsformen verhalten.

Bei schwachen Verben erfolgt die Bildung der Vergangenheiten immer gleich: Für die 1. Vergangenheit hängen wir an den Verbstamm je nach Person eine Endung mit *-te* an. Das für die 2. Vergangenheit nötige Partizip II bilden wir durch Anfügung der Vorsilbe *ge-* und die Endung *-t* an den Verbstamm:

- *kämpfen – kämpfte – gekämpft*
- *siegen – siegte – gesiegt*

Starke Verben ändern in der 1. Vergangenheit und meist auch im Perfekt ihren Stammvokal. Außerdem endet das Partizip II des Perfekts auf *-en*:

- *geben – gab – gegeben*
- *verlieren – verlor – verloren*

Neben diesen Hauptgruppen gibt es noch gemischte Verben, die Merkmale von beiden Verbformen aufweisen:

- *rennen – rannte – gerannt*
- *wissen – wusste – gewusst*

Tipp Schwache Verben können sich nicht gegen die üblichen Regeln auflehnen. Starke Verben setzen ihren Willen durch und verändern sich, wie sie es wollen.

Finde die starken Verben!

B	A	V	O	S	U	D	B	I	T	T	E	N	N	T
L	R	Y	S	I	T	Z	E	N	P	F	W	E	N	R
A	L	L	C	N	S	A	U	F	E	N	I	R	V	I
S	T	E	I	G	E	N	G	E	L	I	N	G	E	N
E	V	I	X	E	F	J	E	L	O	J	D	E	R	K
N	A	D	D	N	F	I	N	D	E	N	E	B	D	E
R	I	E	C	H	E	N	Q	R	M	O	N	E	E	N
U	N	N	M	E	K	N	R	I	N	N	E	N	R	V
F	T	G	M	L	K	L	I	N	G	E	N	W	B	I
E	R	V	E	F	O	G	S	G	B	E	R	G	E	N
N	E	G	L	E	S	E	N	E	R	A	T	E	N	G
O	T	E	K	N	B	H	M	N	M	A	H	L	E	N
W	E	B	E	N	E	E	S	S	E	N	O	T	G	I
E	N	E	N	T	U	N	R	N	S	E	H	E	N	B
F	G	N	S	C	H	W	I	M	M	E	N	N	L	W

bergen
beugen
bitten
blasen
dringen
ergeben
essen
finden
geben
gehen
gelingen
gelten
helfen
klingen
leiden
lesen
mahlen
melken
raten
riechen
rinnen
rufen
saufen
schwimmen
sehen
singen
sitzen
steigen
tun
treten
trinken
verderben
weben
winden

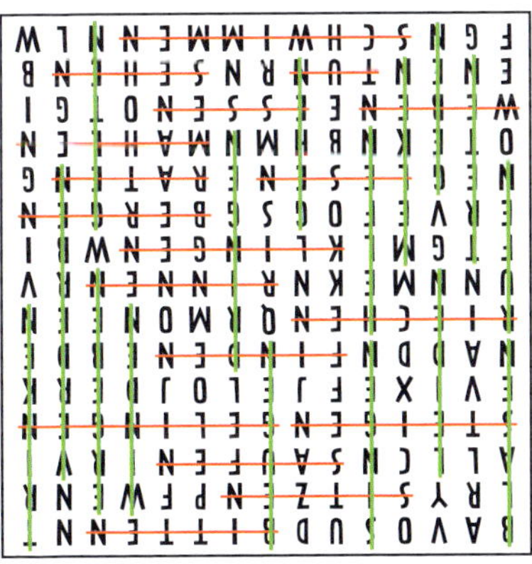

Lösung:

Befehlsform mit i statt e

Wenn wir jemanden persönlich auffordern, etwas zu tun, nutzen wir die Befehlsform des jeweiligen Verbs. Sprechen wir nur eine einzelne, uns vertraute Person an, verwenden wir also die 2. Person Singular der Befehlsform. Diese bilden wir normalerweise, indem wir beim Infinitiv die Endung *-en* entfernen:

- *gehen – geh! / laufen – lauf! / loben – lob!*

Bei starken Verben müssen wir jedoch aufpassen, denn bei manchen von ihnen ändert sich der Stammvokal bei der 2. und 3. Person Singular von *e* zu *i* oder *ie:*

- *geben: ich gebe / du gibst / er gibt*
- *sehen: ich sehe / du siehst / er sieht*

Bilden wir mit diesen Verben die Befehlsform, so müssen wir auch hier den Stammvokal entsprechend ändern:

- *geben – gib! / sehen – sieh! / essen – iss! / lesen – lies!*

Wer sich dieser Verben mehr bewusst werden möchte, der kann sich die Reihe der starken Verben mit Stammvokalwechsel von *e* zu *i/ie* einprägen. Oder er kann sich ein kleines Quatschgedicht einfallen lassen, indem man möglichst viele solcher Verben einbaut – das hilft zum Memorieren und macht obendrein noch Spaß.

Sieh, da kommt ein Segelschiff!
Begib dich hin, es fährt zum Riff!
Triff dort einen Kamerad!
Erschrick nicht: Er ist ein Pirat!
Sprich ihn am besten gar nicht an,
nimm einfach die Befehle an!
Befiehl ihm nichts, wirf deinen Hut!
Vergiss bloß nicht: Benimm dich gut!
Er kennt sich aus mit Luv und Lee,
drum **stich** mit ihm in hohe See!
Hilf ihm, wenn er ist in Not
und **stiehl** für ihn auch ruhig mal Brot!
Brich es, doch **iss** es nicht auf!
Gib ihm dein Ehrenwort darauf!
Empfiehl dich dann und **stiehl** dich fort!
Nimm Abstand von dem dunklen Ort!
Wirf danach besser keinen Blick
auf dieses üble Riff zurück!
Und **sprich** mit niemandem darüber!
Verdirb es nicht,
sonst **stirb**, mein Lieber!

Wörter mit Doppel-a

Es gibt im Deutschen nur wenige Wörter, die einen Doppelvokal einsetzen, um die Länge dieses Vokals anzuzeigen. Für diese Worte gibt es leider keine Regel – man muss sie sich schlichtweg merken.

Da hilft es, dass die Anzahl der deutschen Wörter mit Doppel-*a* nur sehr begrenzt ist. Es kommt nur in folgenden Worten vor (und natürlich in den zugehörigen Worten desselben Wortstammes):

- *Aal, Aas, Haar, Maat, Paar, Saat, Staat* und *Waage*

Eine übersichtliche Anzahl – vielleicht hilft zum Einprägen ein kleines Quatschgedicht?

Leg bitte auf die Waage hier,
mir etwas Aal in Brotpapier.
Denn in unserm schönen Staat,
gibt es keine bessre Saat,
als etwas Aal mit Haut und Haar,
drum hätt ich gerne gleich ein paar.
Packt mir der Maat noch Aas dazu,
dann hab ich alles und geb Ruh.

Absolutadjektive

Die meisten Adjektive sind steigerbar. Der eine kann schnell, der andere schneller und wieder ein anderer am schnellsten sein. Etwas ist hoch, etwas anderes höher und wieder etwas anderes am höchsten. Ein paar Adjektive jedoch verweigern ihre Steigerung, da sie

- unveränderliche Qualitäten besitzen:
  einzig, endgültig, mündlich, lauwarm, sterblich, viereckig
- bereits einen höchsten oder geringsten Grad besitzen:
  erstklassig, extrem, hauptsächlich, optimal, maximal, voll

Solche absoluten Adjektive lassen sich höchstens relativ steigern oder wenn ein übertragener Sinn vorliegt:

- *Das Glas ist ziemlich leer. Gleich ist es noch leerer.*
- *Seine Rede war sehr lebendig, aber ihre war lebendiger.*

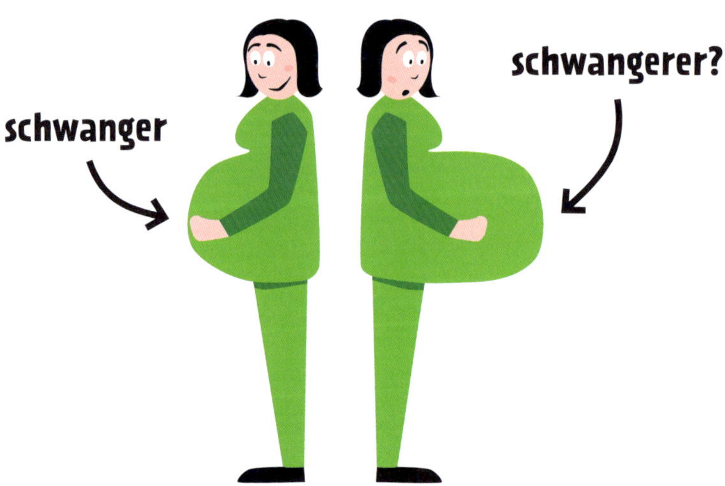

Manch Adjektive strikt verweigern,
dass wir noch die Bedeutung steigern.
Die Eigenschaften liegen nur
in einem festen Maße vor.

Hast du **schriftlich** was fixiert,
es schriftlicher nicht existiert.
Wenn jemand stirbt, dann ist er **tot**.
Steigern tut hier keine not.
Der **Einzige** ist schon allein,
was soll der Einzigste da sein?
Hast du einen **ganzen** Kuchen,
kannst du nen ganzeren lang suchen.
optimal ist schon bestmöglich,
das Optimalste drum unmöglich.
Wenn zwei reich sind, ist einer reicher.
Doch wenn zwei **gleich** sind, wer ist gleicher?
Bei **schwanger** gilt: ja oder nein?
Schwangerer kann die Frau nicht sein.

Du hast Durst, das Glas ist **leer**?
Mist: Leerer trinken geht nicht mehr!
Doch ist das Glas nur ziemlich leer,
dann gibt es ja noch etwas her!
Trinkst du dann noch ein Schlückchen Wein,
dann wird das Glas noch leerer sein.

Bedeutung

anscheinend & scheinbar

Anscheinend zwei Wörter mit derselben Bedeutung? Nein! Bei diesen Wörtern handelt es sich nur scheinbar um Synonyme!

Denn *anscheinend* bedeutet, dass etwas wohl tatsächlich so ist, wie es scheint. Mit *scheinbar* hingegen drückt man aus, dass man hier einem Schein erliegt und es in Wirklichkeit wohl ganz anders ist. Der Satz erfährt demnach eine komplett andere Aussage:

- *Herr Müller ist anscheinend krank.*
  Herr Müller hat sich krankgemeldet und ich glaube, dass dies auch der Wahrheit entspricht.
- *Herr Müller ist scheinbar krank.*
  Er sagt zwar, er sei krank – aber ich glaube ihm nicht.

Das Wort **anscheinend**
nutzt man dann,
wenn man davon ausgehn kann,
dass es so ist, wie es erscheint,
man also wohl die Wahrheit meint.

Doch sagt man **scheinbar**,
ists nur Schein:
Tatsächlich wirds wohl
anders sein.

dasselbe & das Gleiche

dasselbe ist dasselbe wie *das Gleiche*? Weit gefehlt! So ähnlich diese beiden Formulierungen auch klingen: Sie unterscheiden sich in ihrem Sinn ganz wesentlich!

Mit dem Wort *dasselbe* beschreibt man eine ganz bestimmte Sache, die es nur einmal gibt. *das Gleiche* hingegen bedeutet, dass identische Dinge in mehreren Ausführungen vorliegen. Es sagt also nur aus, dass etwas gleichartig ist. Dasselbe Kleid gibt es demnach nur einmal, das gleiche Kleid kann aber noch mehrfach im Geschäft ausliegen.

Das Wörtchen *selbe* kann übrigens nicht alleine stehen: Entweder, es verbindet sich mit der/die/das zu den Demonstrativpronomen derselbe/dieselbe/dasselbe. Oder es steht dem Wörtchen ein Artikel voran, der mit einem Pronomen verschmolzen ist. Zum Beispiel:

- *Das war derselbe Tag.*
- *Das ist doch dasselbe!*
- *Wir wohnen im selben Haus.*

Das Wort *gleich* hingegen ist ein Adjektiv und ist somit nicht an andere Wörter gebunden. Außerdem kann es nominalisiert werden und muss dann entsprechend großgeschrieben werden:

- *Wir haben gleiche Frisuren.*
- *Wir fahren das gleiche Auto.*
- *Ich habe genau das Gleiche.*

Oh liebste Freundin, sei so gut,
woher hast du diesen Hut?
Denselben hat vor ein paar Tagen
doch auch die Nachbarin getragen!

Genau denselben? Kann nicht sein!
Schließlich ist der Hut doch mein!
Doch solche Hüte gibts zu Hauf,
sie hatte wohl den gleichen auf.

Dauer & Intervall

Zeitangaben können entweder die Dauer eines Vorgangs beschreiben oder auch das Intervall, in dem sich dieser Vorgang regelmäßig wiederholt. Die gewünschte Aussage kann allein durch die passende Endung erreicht werden:

- Die Endung *-lich* beschreibt einen wiederkehrenden Rhythmus. Wenn etwas *täglich*, *monatlich* oder *jährlich* passiert, dann geschieht es also jeden Tag, jeden Monat oder jedes Jahr. Ein zweiwöchentliches Ereignis startet also regelmäßig mit einem Intervall von zwei Wochen.
- Die Endung *-ig* bezeichnet hingegen eine Zeitdauer. Ein *ganztägiges* Ereignis erstreckt sich über einen ganzen Tag, eine *zweijährige* Reise dauert zwei Jahre lang. Es kann auch das Alter benennen: Der *vierjährige* Sohn ist vier Jahre alt, die *25-jährige* Ehe hält schon ein Vierteljahrhundert.

Der Gesangsverein preist an:
Offner Chor für jedermann!
Alle zwei Wochen trifft man sich,
anders gesagt: zweiwöchentlich.
Ganze zwei Wochen gehen sie
dann auf zweiwöchige Tournee.

Hast du den Unterschied erkannt?
Er sei noch einmal klar benannt:
Von **zweiwöchig** spricht man dann,
dauert es 14 Tage lang.
Passierts nur alle 14 Tage,
beschreibt **zweiwöchentlich** die Lage.

gleichzeitig & zeitgleich

Wenn wir beschreiben wollen, dass etwas zur gleichen Zeit geschieht, können wir wahlweise den Begriff *gleichzeitig* oder auch *zeitgleich* verwenden. Beide Wörter beziehen sich auf einen bestimmten Zeitpunkt, zu dem mehrere Ereignisse stattfinden. In diesem Fall können wir die Wörter synonym gebrauchen:

- *Die Freunde trafen gleichzeitig/zeitgleich ein.*
- *Die Vereine feiern gleichzeitig/zeitgleich ihren Aufstieg.*

zeitgleich bedeutet aber auch, dass verschiedene Vorgänge das gleiche Zeitintervall benötigen. In diesem Fall bezieht sich das Wort also auf die gleiche Dauer, die verschiedene Ereignisse benötigen. Diese Ereignisse müssen aber nicht zum selben Zeitpunkt stattfinden:

- *Die beiden Läufer kamen zeitgleich ans Ziel.*

Drei Skirennfahrer wundern sich:
Sie fuhren doch nicht **gleichzeitig**?!
Doch alle kamen **zeitgleich** an
und jeder den Pokal gewann!

als & wie

Die erste Steigerungsform, der Komparativ, dient uns für Vergleiche. Dazu benötigen wir ein Vergleichswort, meistens ist es das Wörtchen *als:*

- *Paul ist größer als Michael.*
- *Mein Auto ist schneller als dein Auto.*

Nur wenn es sich um den Vergleich von zwei gleichrangigen Parteien geht, nutzen wir statt *als* das Vergleichswort *wie:*

- *Paul ist genauso groß wie Michael.*
- *Mein Auto ist genauso schnell wie dein Auto.*

Ich rate dir, benutze nie
bei Vergleichen ein »als wie«.
Diese Kombi gibt es nicht,
drum merk dir bitte, wie man spricht:

Sind die Parteien sich nicht gleich,
nutzt du **als** für den Vergleich.
Doch wenn es um die Gleichheit geht,
das Wörtchen **wie** dazwischensteht.

Drache & Drachen

Kleiner Buchstabe – große Wirkung: Der Drache ohne *n* ist ein geflügeltes, meist Feuer speiendes Fabeltier. Wild und unberechenbar wie der Drache ist, zeigt er durchaus Ähnlichkeit mit einer ganz anderen Spezies: dem Drachen mit *n*. So mancher Mann hat sich unbedacht und freiwillig ein solches Exemplar zugelegt und muss für den Rest seines Lebens die Tyrannei seines Hausdrachens erdulden.

Doch nicht alle Drachen sind von derart zänkischem Charakter: Es gibt auch eine fröhliche Sorte Drachen (ebenfalls mit *n*), die wir vor allem im Herbst an der Leine ins Freie führen, um sie dort im Wind über unseren Köpfen fliegen zu lassen.

Der Drache ist ein Fabeltier,
kann fliegen und speit Feuer.
Er ist gar riesig, glaube mir,
ein echtes Ungeheuer!

Der Drachen jedoch hat 'ne Schnur,
du kannst ihn steigen lassen.
Und ist die Frau ein Drachen nur,
wird jeder sie bald hassen.

Glossar

Glossar

Als dieses Büchlein hier entstand,
so mancher mir zur Seite stand.
Ihr halft mir, Fehler auszumerzen,
drum dank ich euch von ganzem Herzen!

Da ich meist nachts gedichtet hab,
war ich oft müde und ganz schlapp.
Meine Familie hat's ertragen:
Euch möcht ich doppelt Danke sagen!